AF256428

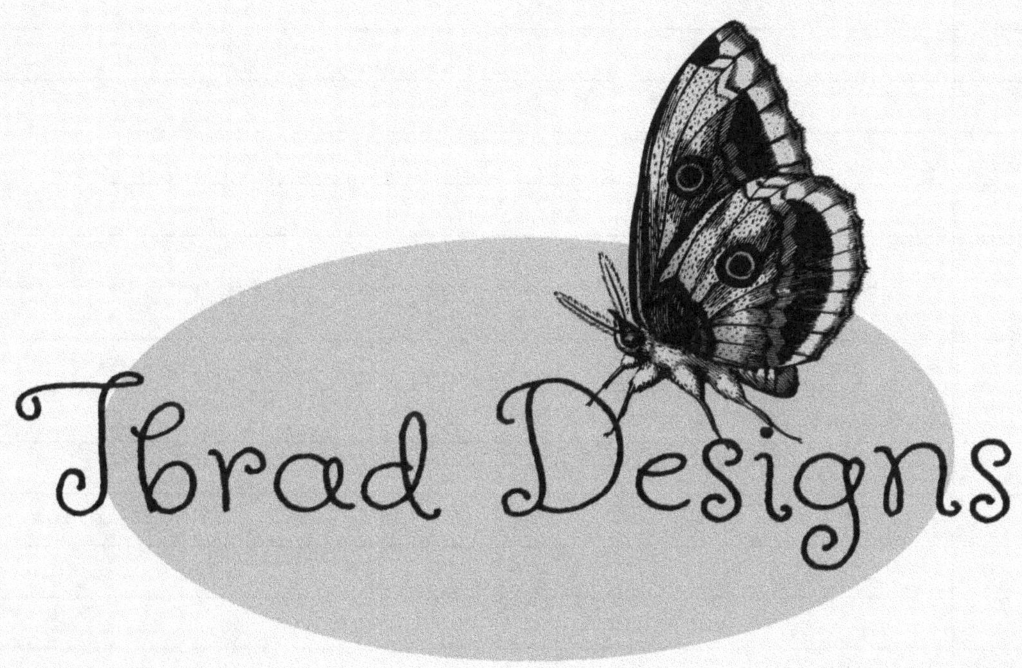
Jbrad Designs

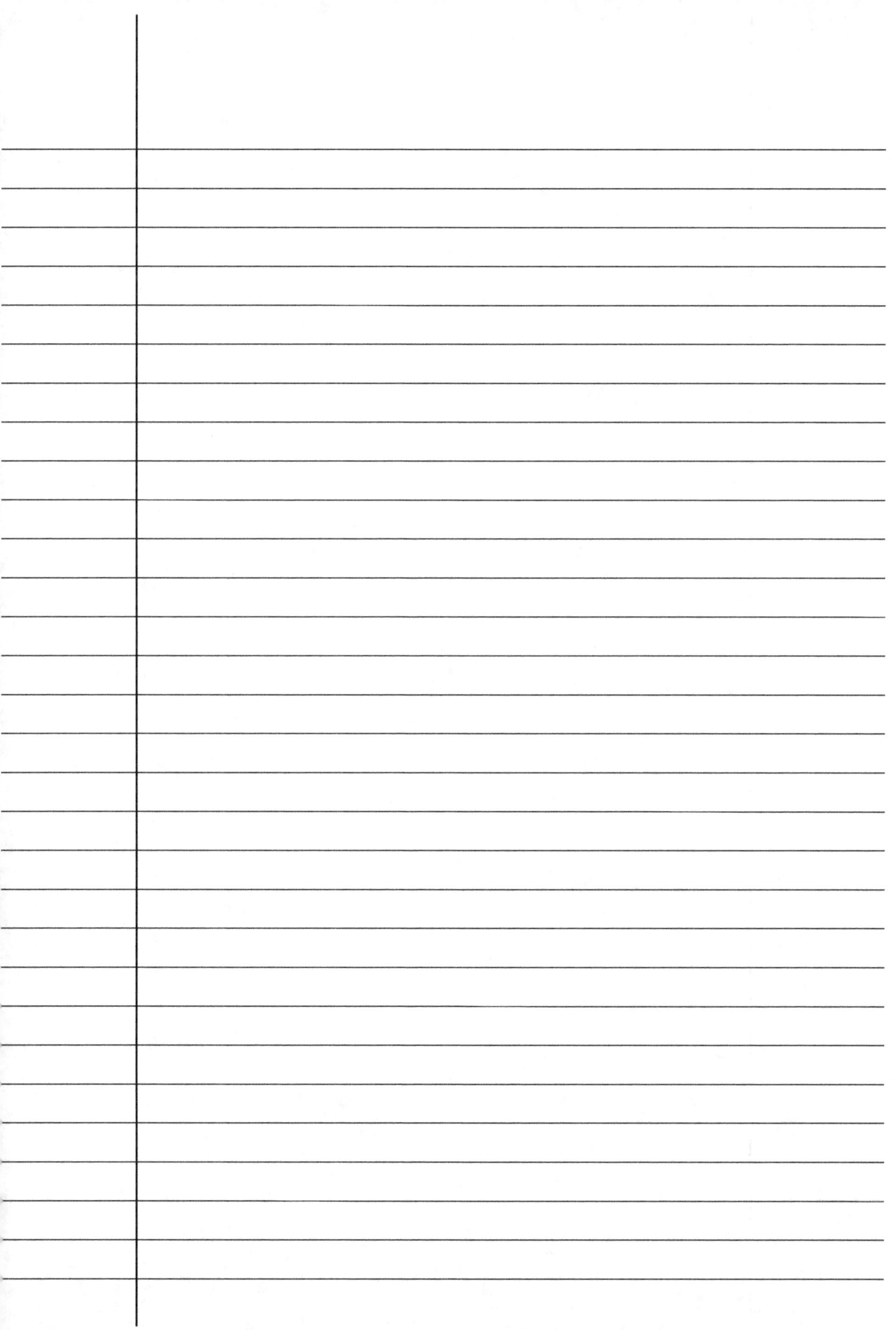

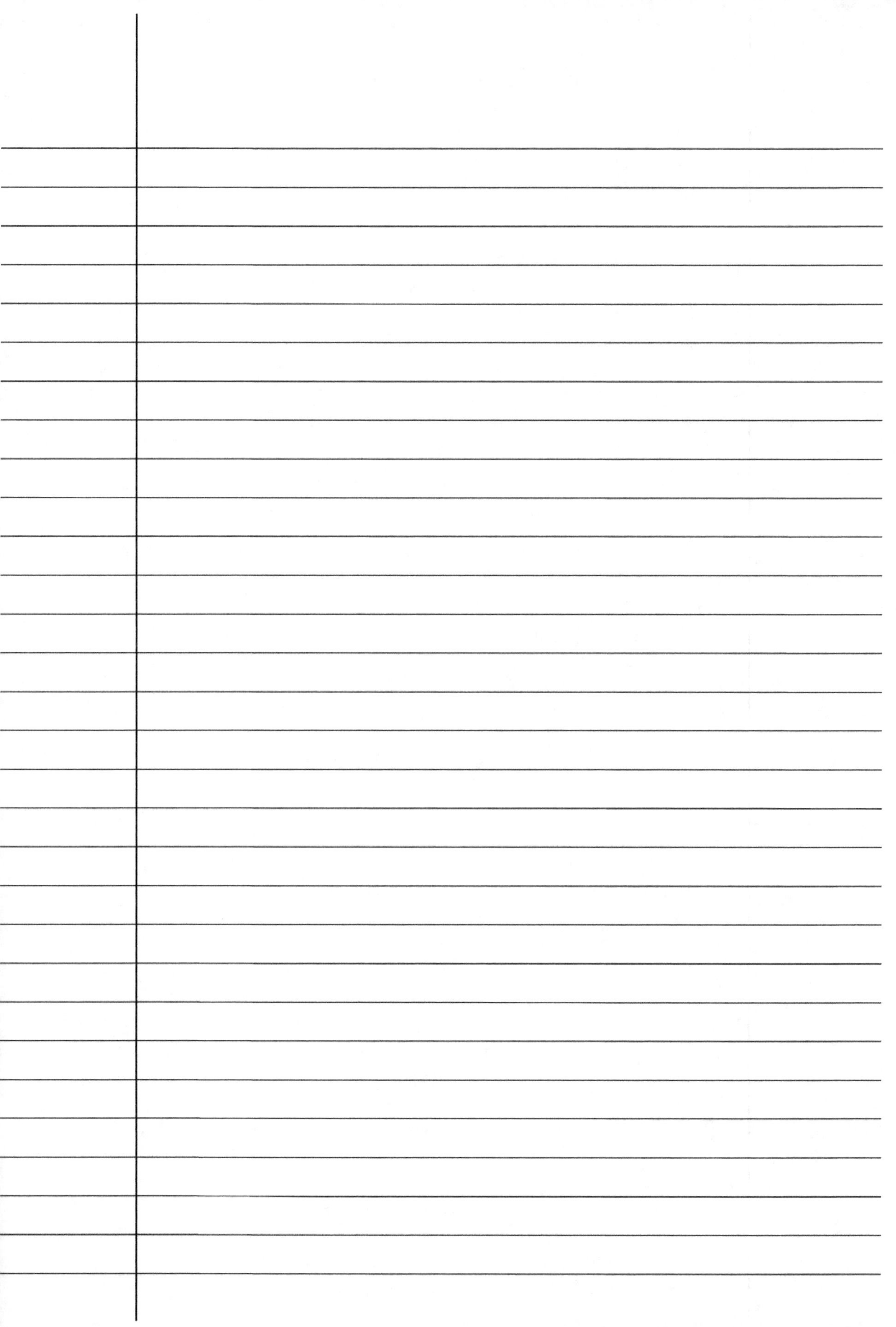

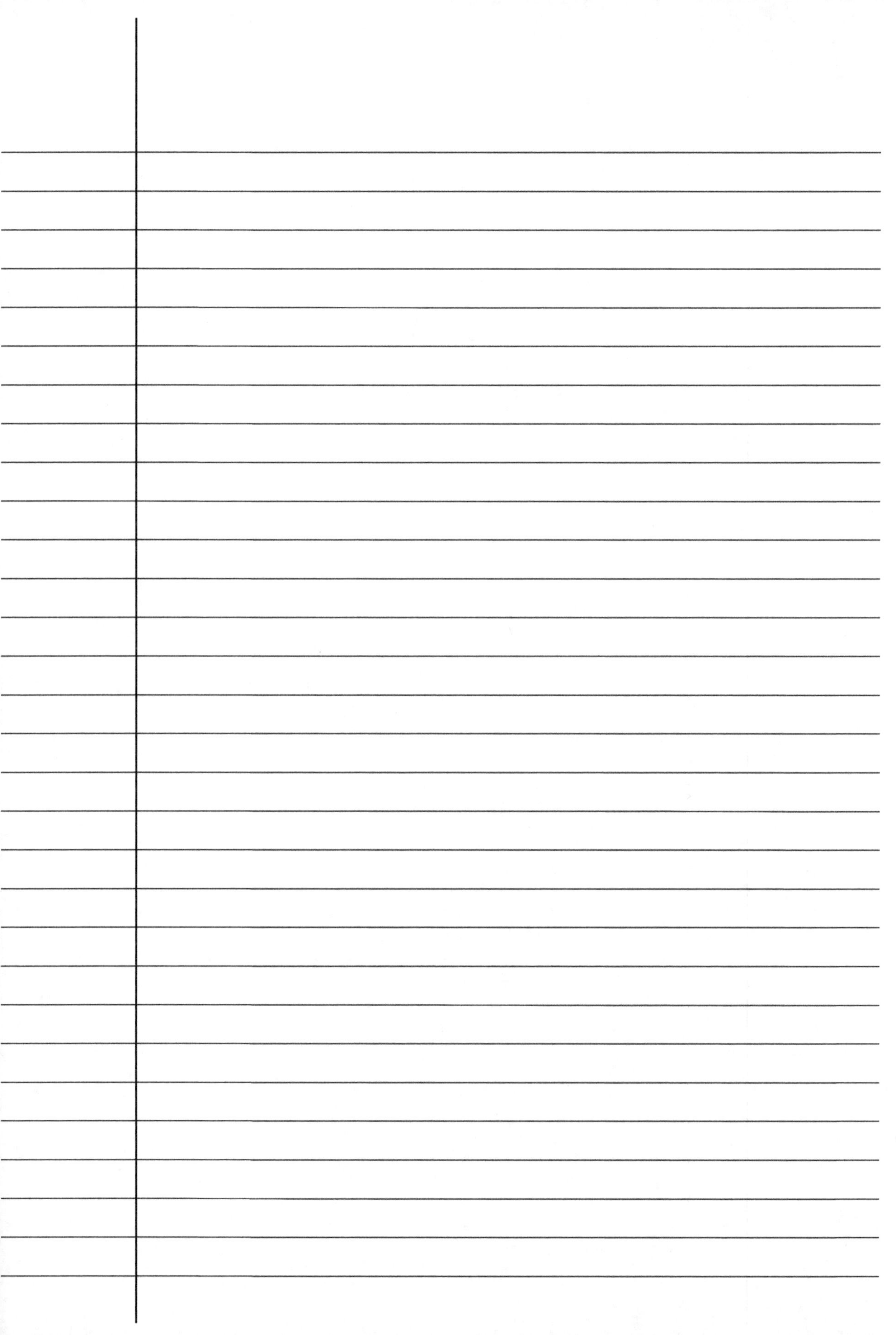

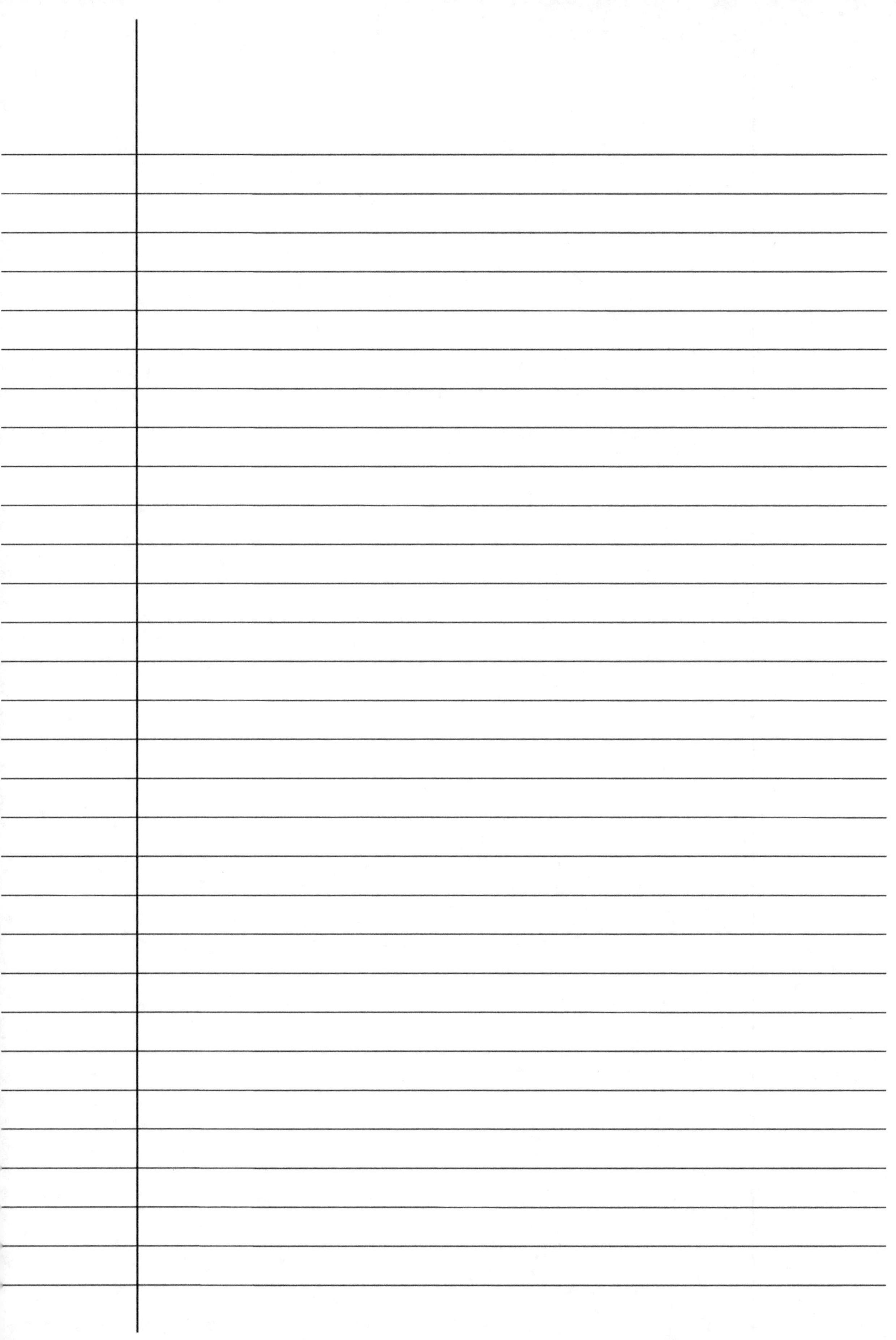

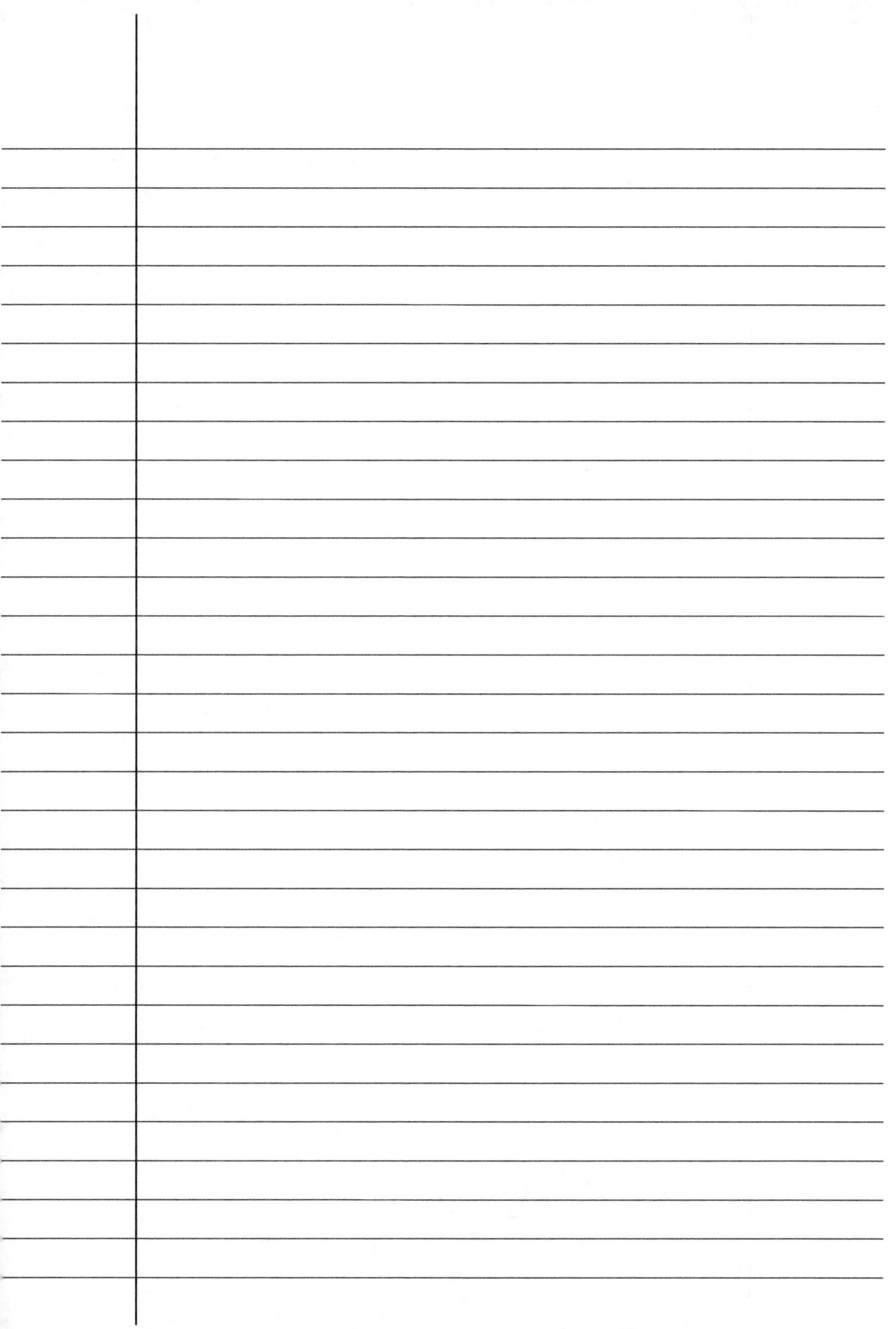

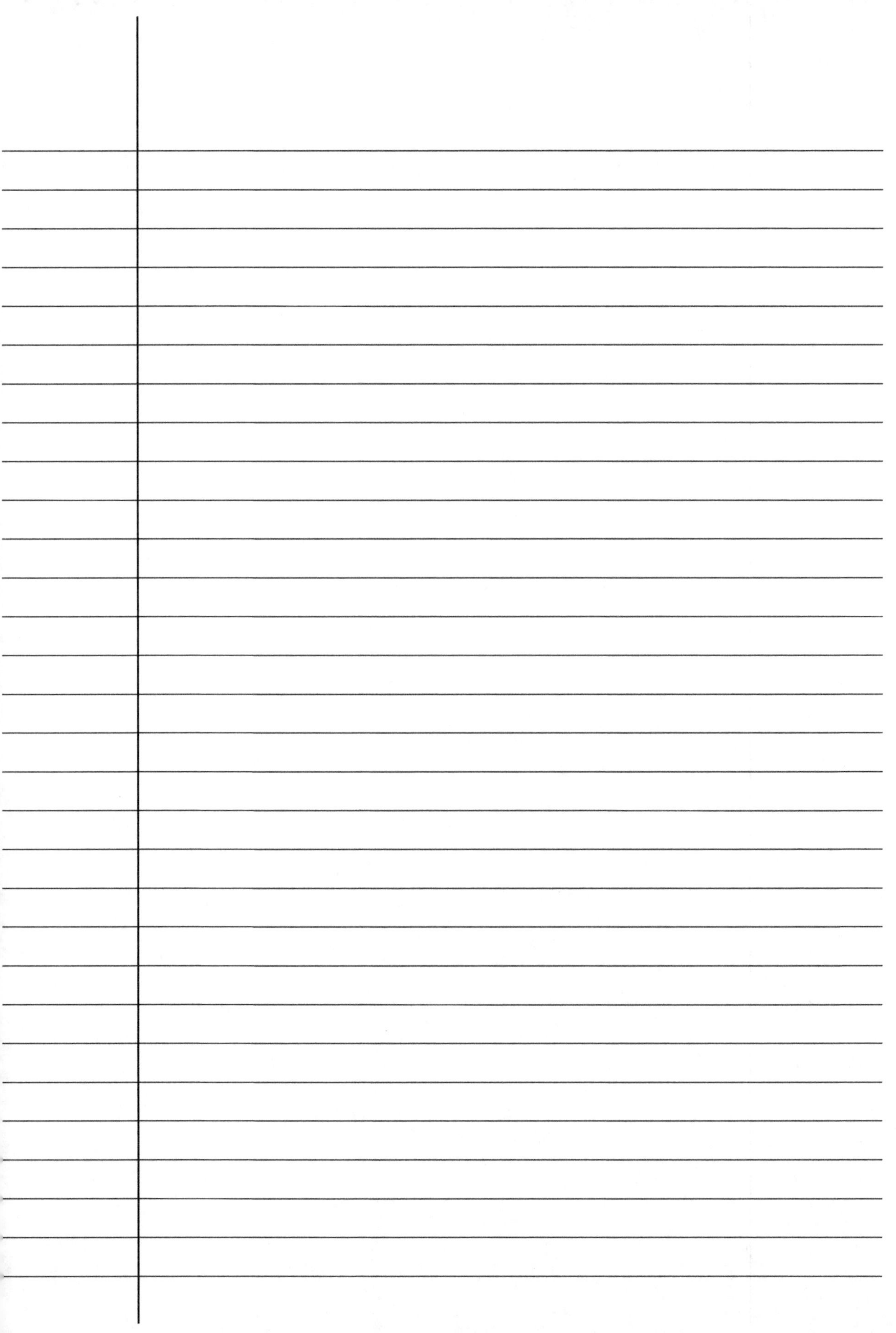

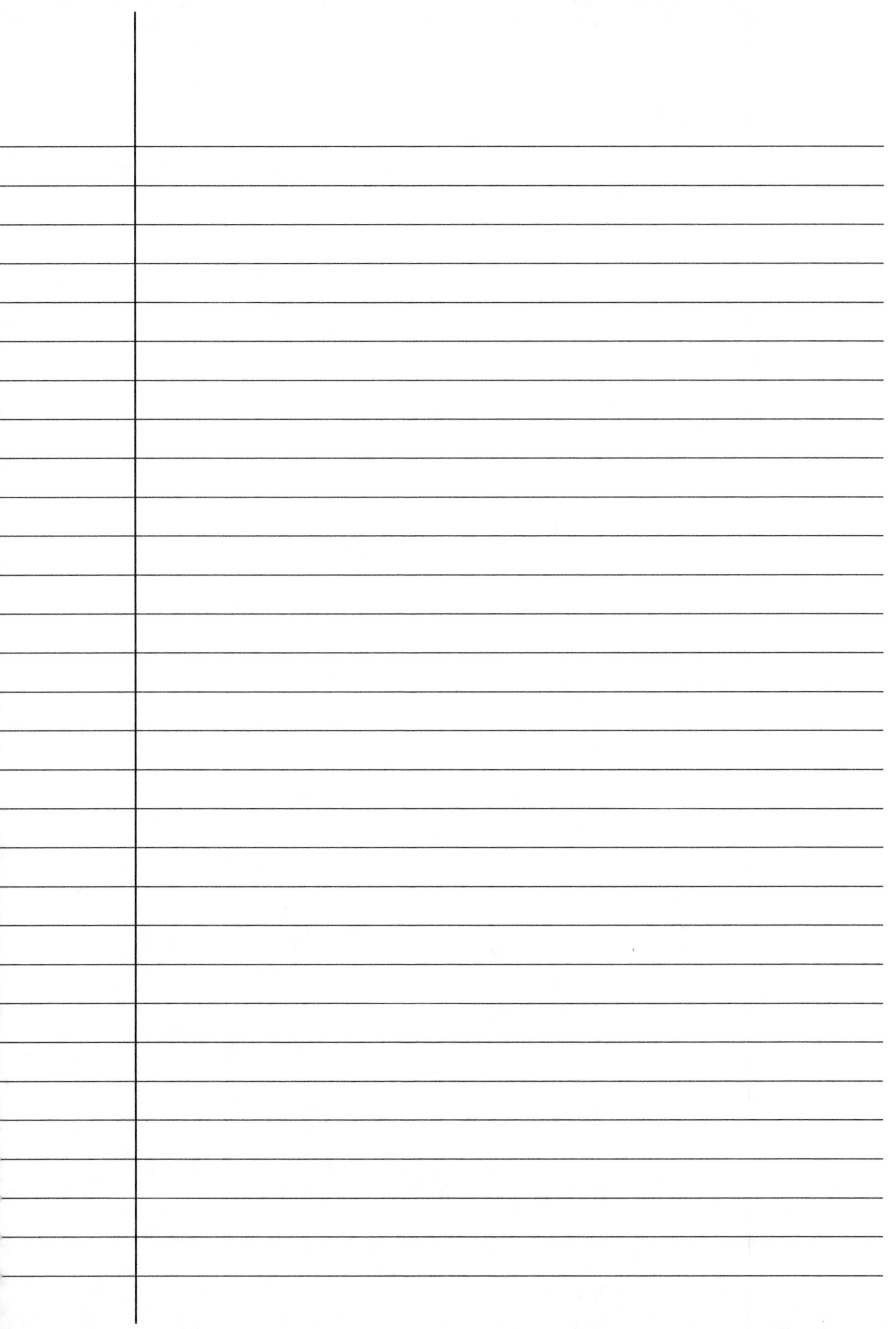

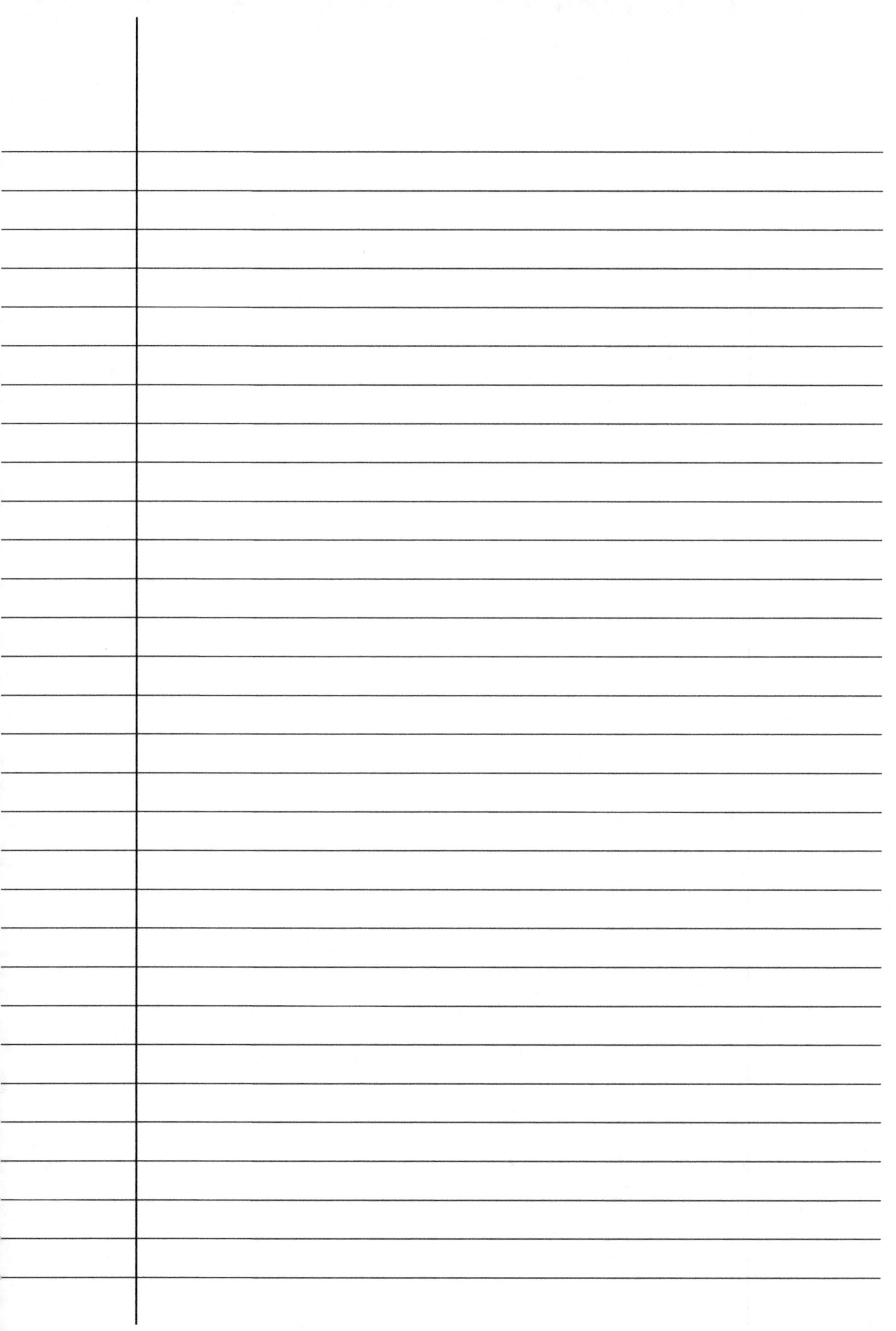

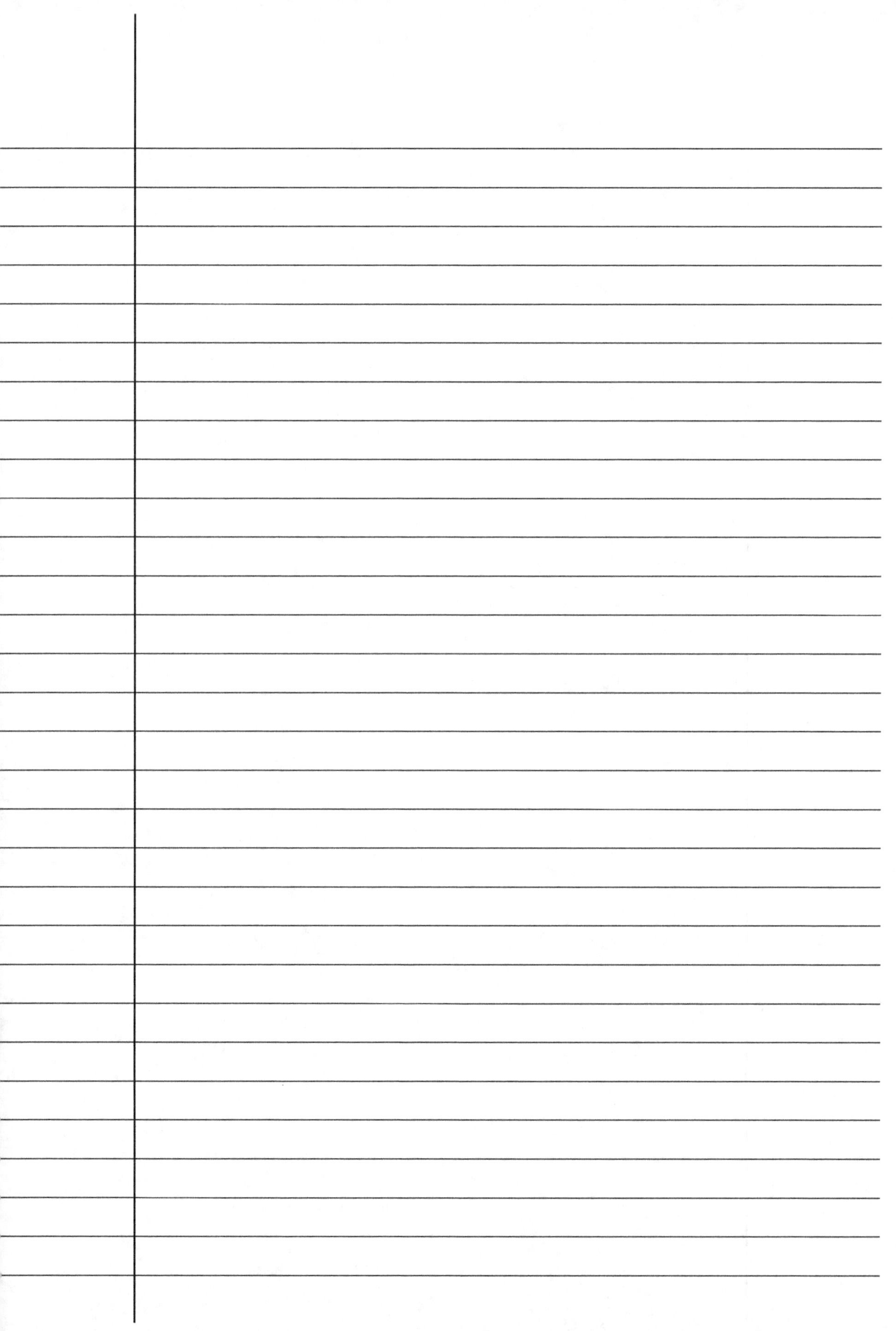

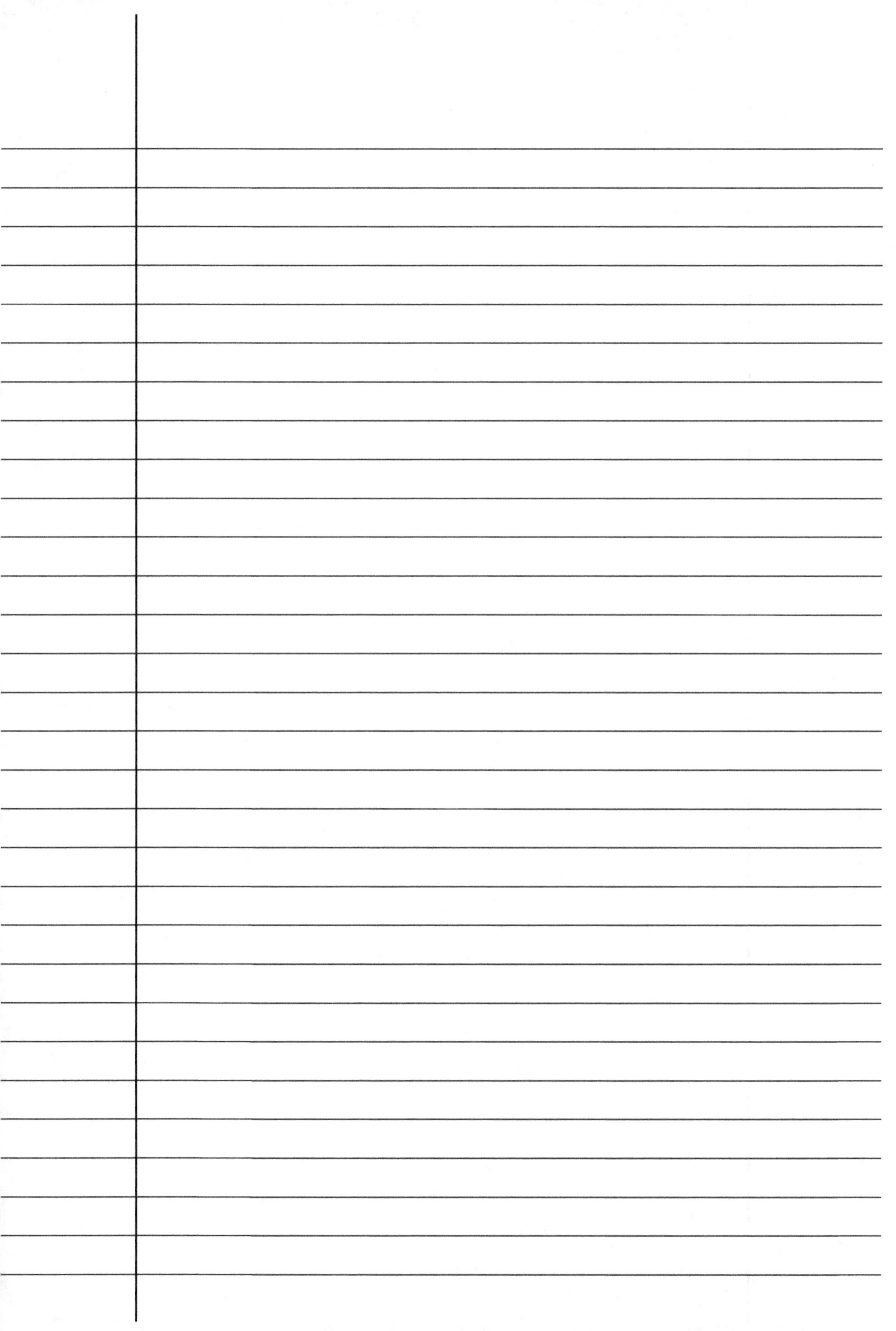

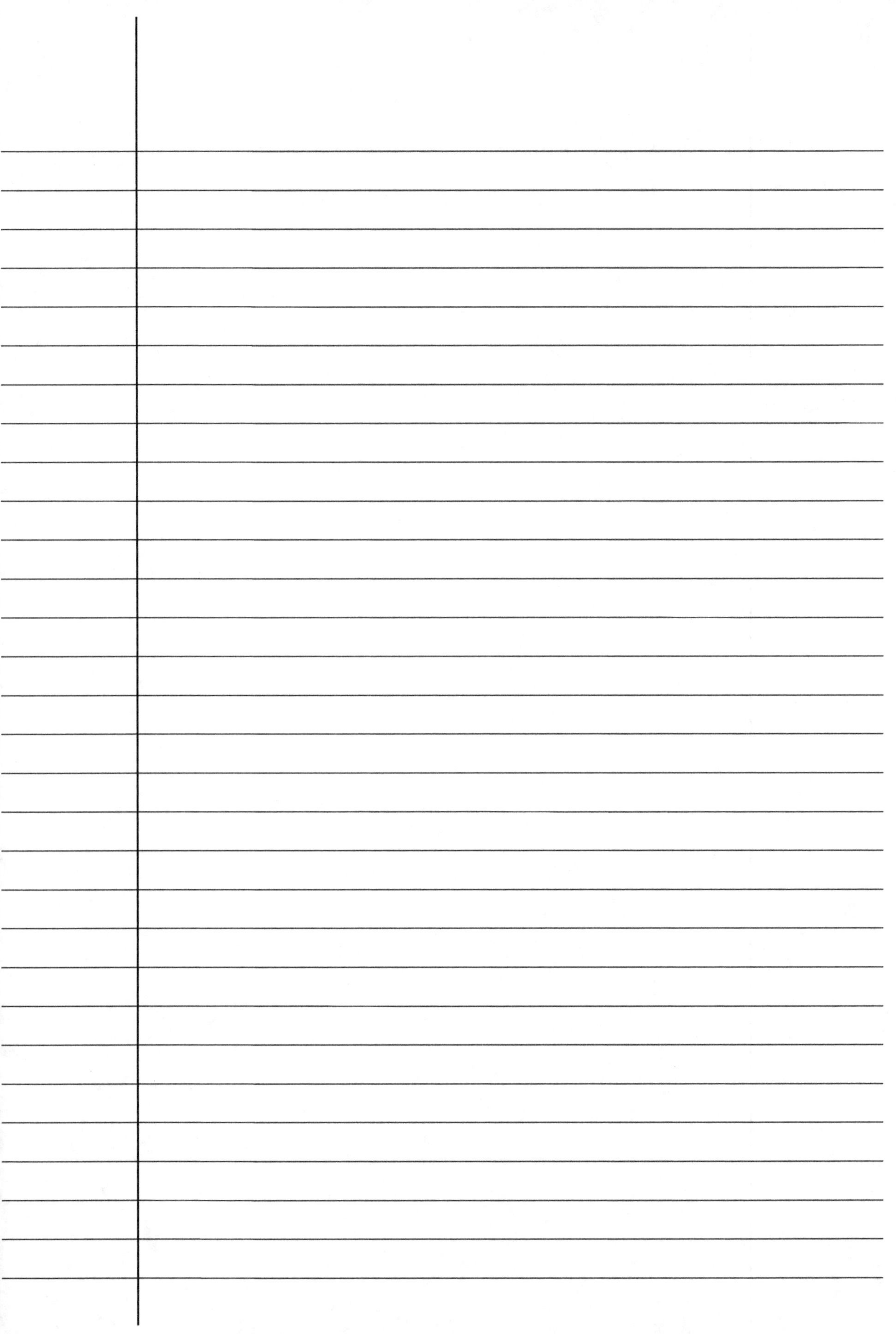

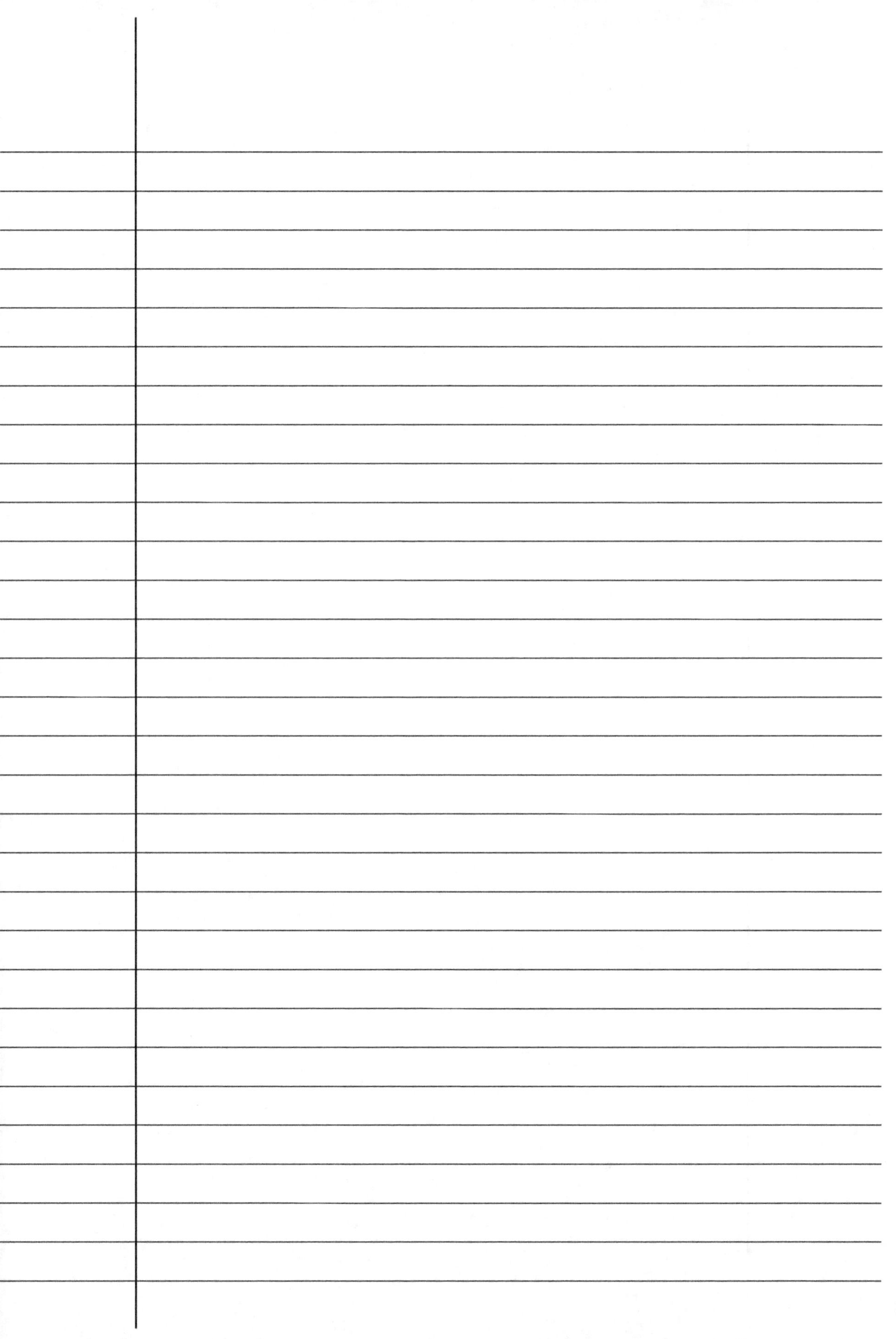

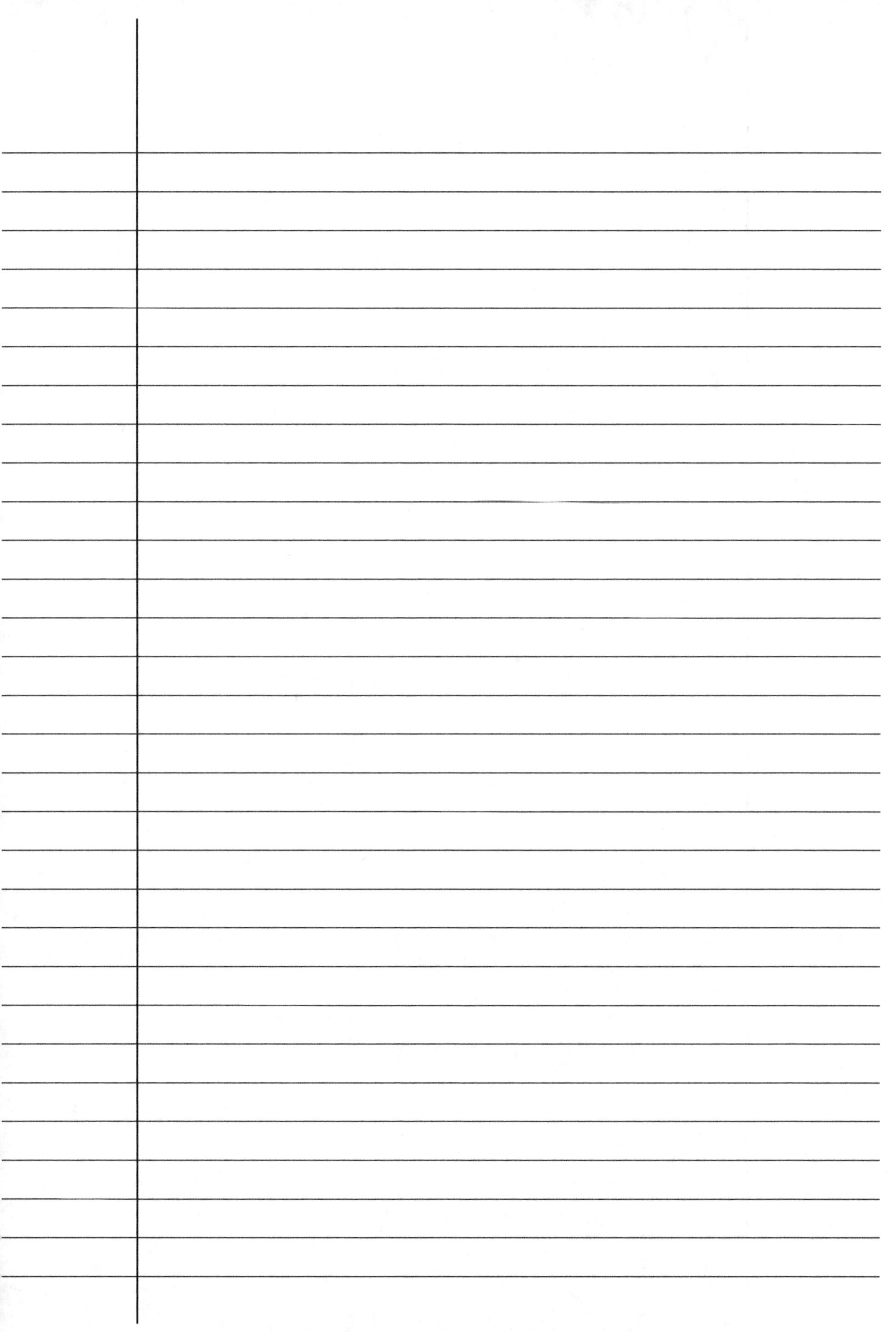

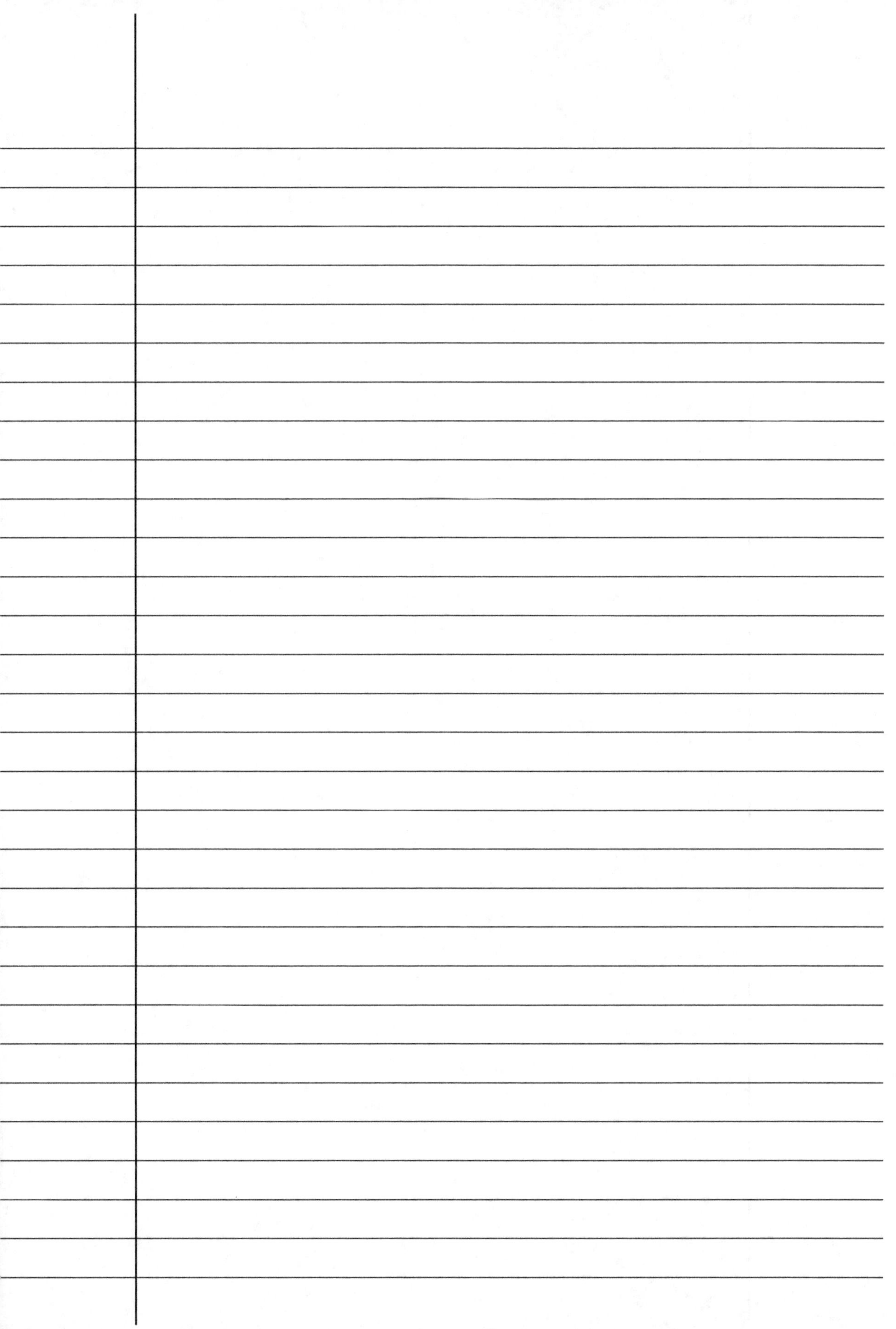

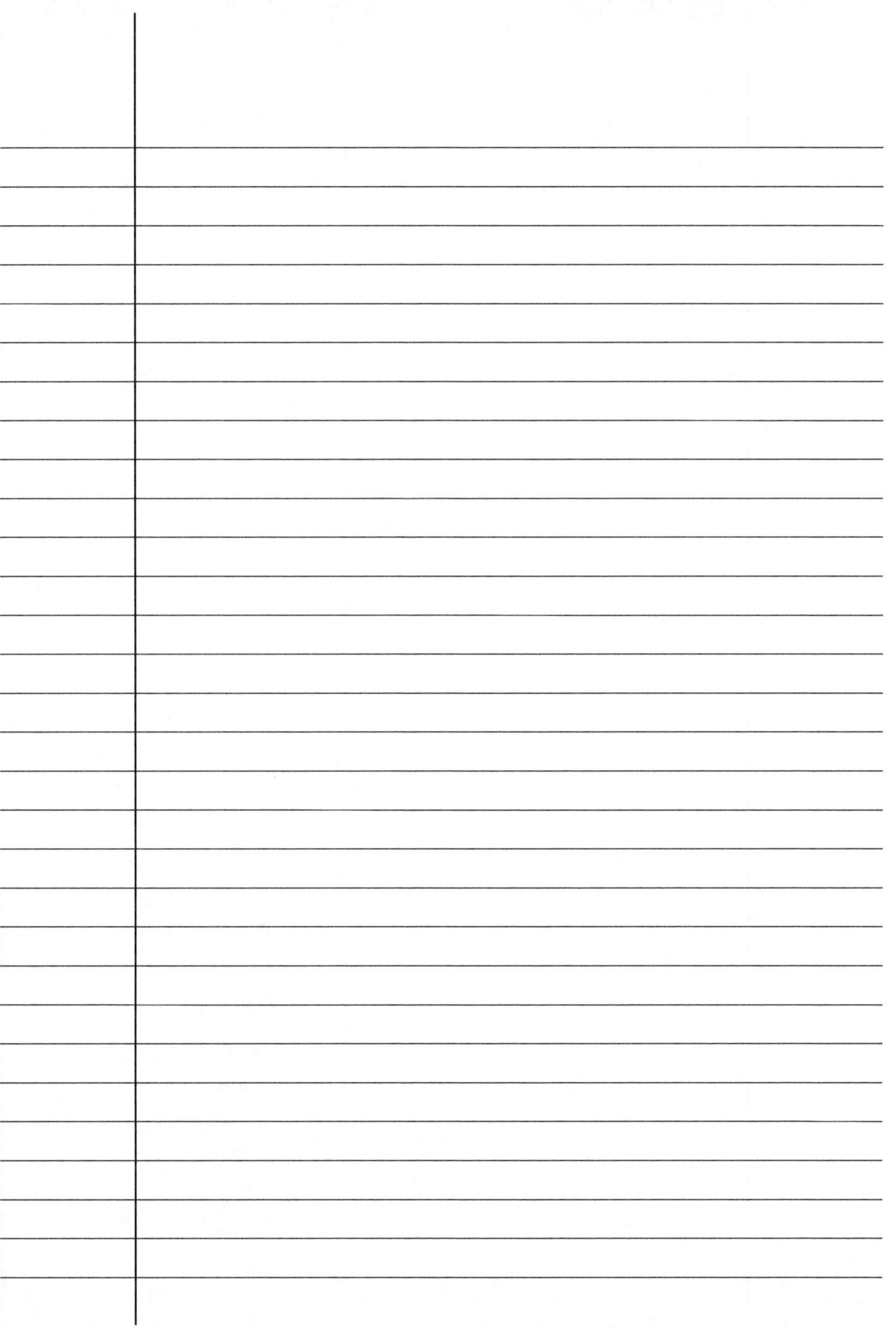

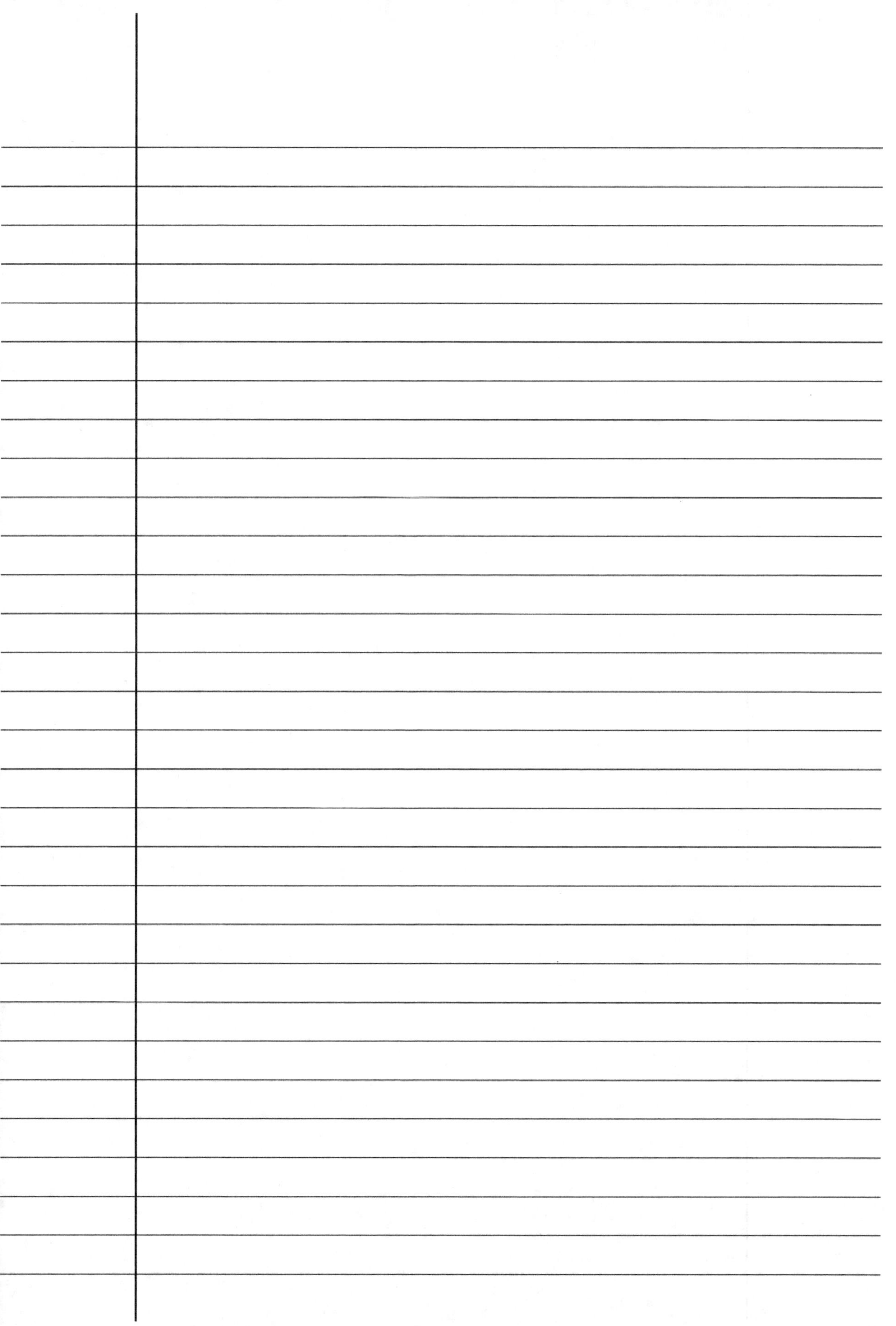

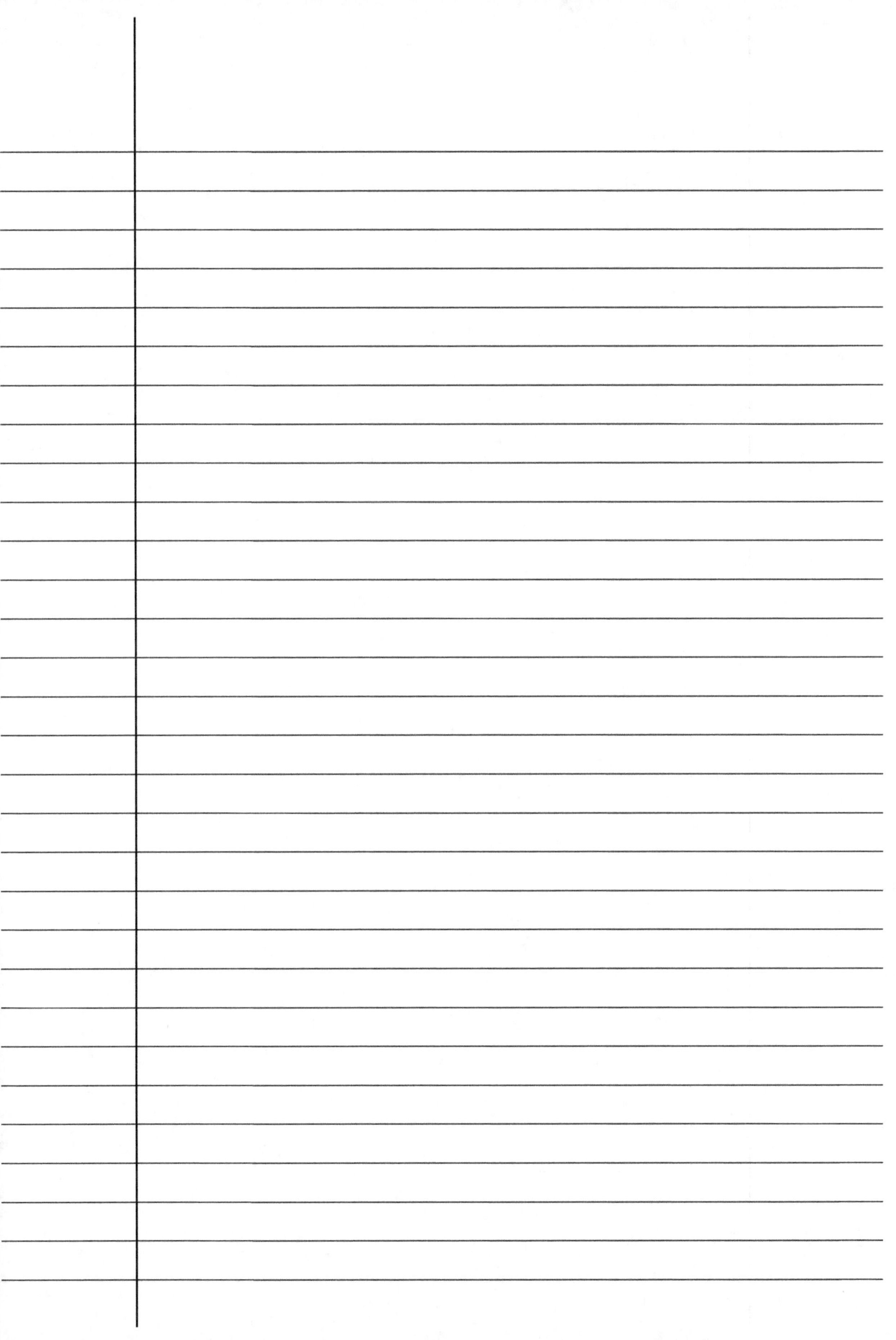

www.ingramcontent.com/pod-product-compliance
Lightning Source LLC
Chambersburg PA
CBHW080327030726
47593CB00010B/2920
9781088175934